LE
TOMBEAU
DU DUC
D'ALBE.

LE

TOMBEAU

DU DUC

D'ALBE,

EXTRAIT D'UN VOYAGE SENTIMENTAL
EN ANDALOUSIE.

PAR J. B. GUINAN.

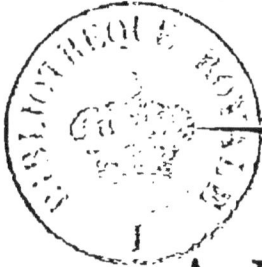

DE L'IMPRIMERIE DE DIDOT L'AINÉ.
AN V. 1797.

LE

TOMBEAU

DU DUC

D'ALBE,

EXTRAIT D'UN VOYAGE SENTIMENTAL
EN ANDALOUSIE.

J'ERROIS sur ce côteau où le vainqueur de Carthage, recueillant les débris de ses victoires, fonda cette cité célebre, qui, à la gloire de donner des maîtres au monde quand le Capitole le dominoit, joignit le bonheur d'être le berceau de *Trajan*, *Italica* enfin, qui brilla de tout l'éclat de Rome, et qui, par la vo-

lonté du destin, n'est plus aujour-
d'hui qu'un champ sans honneur où
végete le triste olivier, surpris de
se trouver à la place des palais des
Ulpia (1). L'imagination et les souvenirs embellissoient à mes yeux les
restes étonnants de cet amphithéâtre,
contre lequel le vieillard éternel qui
dévore les hommes et les monuments,
le Temps, qui veut que rien ne dure
que lui, semble avoir brisé sa faux
terrible. J'admirois ces énormes lam-
beaux de murailles, masses indes-
tructibles que la main des siecles

(1) Scipion, revenant de Carthage,
laissa ses vétérans à Italica, qui devint
colonie romaine, et qui compta parmi
ses enfants les empereurs Trajan, Adrien,
le pere de Théodose, et d'autres grands
personnages, entre lesquels on doit dis-
tinguer la famille Ulpia.

renversa avec effort. . . .. C'est dans
ces ruines que je contemplois le néant
de la grandeur humaine.

Cependant le soleil étoit parvenu
à la moitié de sa course , et ses
rayons de feu embrasoient l'atmo-
sphere frémissante. C'étoit l'heure
de chercher l'ombre et le repos.
Sous un ciel brûlant , le voyageur
fatigué , qui peut respirer au pied
d'un arbre , doit bénir la main bien-
faisante qui planta cet arbre hospi-
talier.

J'arrivai haletant à des platanes
qui , depuis plus d'un demi-siecle ,
ombrageoient la plus jolie fontaine
dans la plus riante prairie du monde.
Nulle part le gazon n'est si verd ;
jamais, qu'il m'en souvienne , je ne
goûtai de frais si délicieux.

De ce site charmant ma vue s'é-
lançoit sur une colline peu éloignée.

Là, dans le lieu le plus solitaire d'un bois, s'élevoit un monument qui bientôt fixa tous mes regards. Occupé d'*Italica*, rêvant à ses ruines, je crus avoir découvert dans ce lointain les restes de quelque temple antique qui appeloient encore ma curiosité.

Une seule avenue y conduisoit ; elle étoit de cyprès et de méleses. J'avançai à travers ces arbres mélancoliques, dont l'aspect dispose l'ame au recueillement ; et devenant plus pensif à mesure que le chemin devenoit plus silencieux, Quelle solitude, me disois-je, quel calme ! la présence de quelque Dieu rend sans doute cet asyle redoutable : je ne trouve dans ce sentier les traces d'aucun mortel. . . . . Ces pensées et d'autres aussi lugubres commençoient à m'attrister. J'éprouvois cette tristesse qui a de la volupté pour les ames sensibles.

Plus loin, une urne à demi couverte de pavots décolorés et sans odeur, me donnoit le pressentiment que ce lieu étoit habité par la mort. . . . La vue de cette urne, et ton image, *ô ma Julie!* frappant à-la-fois tous mes sens, renouvelerent les plus cruels souvenirs. Mes yeux firent un instant illusion à mon cœur : je me crus au bord du Minton (1), sous ce saule ami qui garde dans une urne semblable le dépôt de ta cendre que lui confia ma douleur. Je l'embrassai amoureusement, sans craindre de me montrer trop sensible ; et s'il est vrai que des lieux où tu jouis de l'immortalité tu peux encore voir ton amant, tu dus

(1) Ruisseau des Pyrénées.

sourire à ce transport de sa ten-
dresse. . . .

Livré ainsi à la pensée de mon
malheur, je suivois ma triste mar-
che vers le monument ; et déja je
l'appercevois, lorsqu'une voix enten-
due dans les airs : « Qui que tu
« sois, me cria-t-elle de loin, que
« la pitié ou le hasard amene,
« n'approche de ce lieu qu'avec res-
« pect. Cette enceinte où tu vas
« entrer est le temple de la *Dou-*
« *leur*, et ce tombeau l'autel de
« la *Fidélité* ». Elle ne prononça
que ces mots ; mais ils porterent
dans mon ame troublée un effroi
religieux : j'osai cependant pénétrer.
Il n'y a que les ames froides et in-
sensibles qui profanent les tombeaux.

Tout étoit attendrissant dans cette
enceinte ; des parfums exhalés, se

mélant à l'encens qui brûloit encore,
remplissoient l'air d'une odeur agréable : j'en respirai les vapeurs sacrées.
La *Fidélité*, qui y étoit encore avec
la *Douleur*, venoit d'achever son
dernier sacrifice. Un léger nuage les
déroba un instant à ma vue ; je pus
m'approcher du tombeau sans les
troubler.

Qu'il me parut touchant dans sa
simplicité ! Non, ce marbre n'est
pas froid comme dans ces superbes
mausolées que la vanité, à la place
du sentiment, éleve à la grandeur
ou à la puissance. Non, là n'est
point un conquérant, terreur des
peuples ; aucun trophée n'y parle
de sa valeur homicide ; des fastueuses inscriptions n'y rappellent
point la dévastation des provinces.
Au lieu de victoires qui coûtent du
sang et des larmes, ce monument

de la pitié ne doit éterniser que
l'amour et la reconnoissance. Oui,
là repose en paix l'ombre d'un mortel sensible et chéri. . . . Puisqu'il
fut bon, par respect, ô marbre qui
couvres sa cendre, ne pese pas sur
l'ami de l'humanité !

A la partie la plus élevée étoit
assis l'aîné des Amours sous la fi-
gure d'un enfant affligé ; ses ailes
tomboient négligées ; d'une main il
tenoit son arc désarmé ; de l'autre,
son carquois renversé et sans fleches.
On eût dit qu'abdiquant son empire,
ce dieu alloit briser contre la pierre
les redoutables instruments de sa
puissance.

A côté de cet enfant, et sur le
même marbre, étoit étendu un oiseau qui venoit d'expirer ; c'étoit
l'oiseau de Cypris. Aux cris plaintifs d'une colombe qui s'envoloit

éplorée dans les airs, je compris qu'elle avoit perdu sa compagne ; elle faisoit d'inutiles efforts pour s'éloigner d'un lieu si funeste, sa douleur, plus forte que ses ailes, l'y ramenoit toujours. Innocente colombe ! elle succombera si l'amour ne prend soin de son veuvage !

Le nuage me cachoit le reste du tombeau. Tout-à-coup un vent frais agitant doucement les feuilles jusqu'alors immobiles, vint dissiper ces vapeurs importunes, et mes yeux avides purent voir.

Je vis, et l'image en sera toujours présente à mon esprit ; je vis, au pied de ce tombeau, une femme, les cheveux épars, et en long habit de deuil. A son air de jeunesse et de douceur, je reconnus la tendre *Fidélité :* elle étoit telle qu'on peint la *Douleur;* ses vêtements étoient négligés, une touchante pâleur étoit répandue sur son beau visage. Muette et la tête tristement penchée, semblable à la fleur dont l'aquilon a courbé la tige languissante, elle s'appuyoit d'un bras sur le marbre insensible, et un genou à terre, dans l'attitude du respect, les yeux encore humides des pleurs dont son voile blanc étoit tout trempé, elle achevoit de tresser la guirlande qui ornoit déja la moitié du tombeau. C'étoit Artémise redemandant son cher Mausole aux Dieux inexorables qui ne l'écoutoient point. Quel charme elle trouvoit à nourrir sa douleur! Mais à mon approche, et comme si ma présence eût dû lui faire suspendre sa pieuse occupation, je vis ses mains rester sans mouvement, sa bouche seule, exhalant quelques soupirs,

soulageoit par intervalles son cœur
oppressé. . . . Non, jamais la ten-
dresse et le malheur ne s'offrirent
sous des traits plus touchants : il
me fallut un effort pour étouffer
mes sanglots. Heureux, m'écriai-je,
heureux le mortel qui mérite qu'on
pleure ainsi sur sa tombe !

A quelques pas de là étoit l'Hy-
men plus triste que de coutume.
Il s'appuyoit contre un vieux tronc,
reste d'un grand arbre que le Temps,
cet impitoyable destructeur, ébranla
jusques dans ses racines, le jour
que le brisant avec éclat, il ne lui
laissa qu'un foible rejeton de toute
son antique vigueur. Le dieu inconsolable avoit pris ses ailes, et de
dépit ou de désespoir éteignoit son
flambeau à ses pieds.

A ce spectacle quelle ame n'eût
pas été émue ! la mienne étoit comme

accablée sous le poids du sentiment ;
et peu s'en fallut que, cédant à la
douleur, je ne troublasse le sacrifice.
Dans le désordre de mes sens j'al-
lois sortir. Mais malheur à qui quitta
un tombeau sans l'avoir honoré !
Je cueillis donc, me préservent les
Dieux d'un sentiment impie ! je
cueillis au pied d'un cyprès quelques
fleurs aussi tristes que l'ombre qui
les avoit flétries , et les mêlant à
des feuilles de mélèses plus tristes
encore , je les jetai religieusement
sur la tombe : Reposez en paix ,
mânes chéris ! ajoutai-je à demi-
voix ; et je fis quelques pas en m'é-
loignant.

Je ne sais si ce soin de ma pitié
fut agréable aux Dieux ; mais je vis
le feu sacré se rallumer de lui-
même , et consumer le reste des
parfums, dont la fumée, comme un

nuage, me cacha une autre fois le
tombeau : et comme si mon souhait
avoit été entendu , et qu'on eût
voulu m'en remercier par un nou-
veau prodige, une voix plus douce
que la première frappa encore mon
oreille étonnée. Je m'arrêtai: « Que
« les Dieux justes , dit-elle alors ,
« te récompensent de ta pitié , mor-
« tel sensible , et qu'ils l'inspirent
« à tous les hommes ! elle mérite
« que je t'apprenne, si tu l'ignores
« encore , quelles dépouilles renfer-
« me ce tombeau ; sache donc quel
« héros y a reçu ton hommage. »

J'écoutai attentivement : elle pour-
suivit ainsi : « Entre les illustres en-
« fants de l'Hespérie il brilla au
« premier rang : naissance, fortune,
« honneurs, il eut tout ; mais il
« voulut devoir à son cœur plus
« qu'aux titres de ses ancêtres; et

« ses vertus modestes relevant sa
« grandeur, il se montra bon plus
« encore qu'il ne fut grand. A la
« cour on recherchoit son amitié ;
« dans les provinces il étoit idolâtré
« des peuples ; et aujourd'hui qu'il
« n'est plus, les grands le regret-
« tent, et les peuples le pleurent
« comme leur pere. Qu'on vante un
« conquérant pour ses exploits, on
« félicite un citoyen de ses vertus, et
« l'on bénit sa mémoire. Celui ci ne
« connut point le lâche ressentiment ;
« jamais non plus n'approcherent de
« son cœur l'inquiete ambition, la
« jalouse envie, l'affreuse vengeance.
« Aussi le jour où la plus implacable
« des déesses le ravit jeune encore
« à l'amour public, ce jour, dis-je,
« fit prendre le deuil à la patrie.
« Oui, il vécut trop peu pour ses
« amis et pour votre bonheur !...»

A ces mots, comme si tout avoit pris soudain une ame autour du tombeau, un bruit confus de mille voix troublant le silence, remplit l'air d'accents plaintifs ; ils retentissent encore à mon cœur. J'entendis, ce ne sont point des prestiges de l'imagination ; oui , j'entendis trois fois répéter en gémissant : « Hélas ! il vécut trop peu pour ses « amis et pour notre bonheur !...» Lorsque la voix put reprendre , elle ajouta : « D'*Albe* il est vrai n'est « plus, mais ses vertus ne sont point « ensevelies avec lui dans la tombe. « Il les légua à la mortelle qui pos- « séda son cœur, et qui ne lui sur- « vécut que pour le pleurer Par « elle l'infortuné, qui a encore be- « soin de la pitié, ne sentira point « la perte qu'il a faite. Elle seule , « inconsolable , verra ses regrets

« éternels. Tu la connoîtras, jeune
« étranger; et tu pourras un jour,
« de retour dans tes foyers, racon-
« ter comment le ciel, prodigue
« pour elle, la fit l'ornement, l'a-
« mour, et la providence de ces
« contrées. Tu diras qu'elle y gagna
« tous les cœurs, et que dans tous
« elle eut un autel. »

La voix se tut, et sembla se per-
dre dans les airs; mais un bruit
sourd d'applaudissement et de joie
suivit les dernieres paroles comme
un présage de bonheur qui soulagea
mon ame. Je voulus saluer le tombeau d'un dernier regard; mais le
nuage devenu tout-à-coup plus épais,
le faisant disparoître à mes yeux,
m'avertit qu'il étoit temps de me
retirer.

Que l'arbitre des années, répétai-je
en m'éloignant, joigne aux jours

précieux de cette mortelle les ans
dont auroit dû jouir celui que nous
regrettons ! et je sortis.

Je sortis l'esprit et le cœur pleins
de ces tristes objets. L'image de ce
lieu suivra long-temps ma pensée.
Ô vous qui aimez et qui trouvez du
plaisir à être sensibles, allez quel-
quefois visiter les tombeaux.